Überlebenshoffnung

Elke Wolf

Überlebenshoffnung

Elke Wolf

Bibliografische Information der Deutschen Nationalbibliothek
Die Deutsche Nationalbibliothek verzeichnet diese
Publikation in der Deutschen Nationalbibliografie;
detaillierte bibliografische Daten sind im Internet über
http://dnb.d-nb.de abrufbar.

1. Auflage 2008
© 2008 Elke Wolf
Herstellung und Verlag: Books on Demand GmbH,
Norderstedt
Homepage: http://www.bod.de
Cover: Elke Wolf
Bild: Elke Wolf
Printed in Germany
ISBN-13: 9783837059069

Inhalt

Vorwort

Seit Jahren schreibe ich lyrische Texte aus dem
Leben,
an denen sich viele erfreuen.
So habe ich aus den letzten 20 Jahren hier eine
kleine Auswahl meiner Werke.
Ein Einblick in meine Überlebenshoffnungen,
viel Spaß beim lesen!

Silbern ist reden, still sein ist Gold,
ich kann öfter nicht schreiben,
auch wenn ich wollt!
1993 Elke Wolf

Vielen Dank an meine Familie und all meinen
Freunden und Bekannten, die mich ermutigt
und unterstützt haben, dieses Buch zu
veröffentlichen.

Die Zeit

Die Zeit heilt alle Wunden.

Ich hoffe, sie sind verschwunden,

bevor ich von Neuem geschunden!

Jedes mal anders

Mal hoch, mal tief.

Mal gerade, mal schief.

Mal auf, mal nieder.

Mal nicht, mal wieder.

Mal runter, mal rauf.

Mal zu, mal auf.

Mal hügelig, mal eben,

Mal behalten, mal geben.

Trotz alledem gut drauf.

Depression

Hocke hier und heule,
weiß gar nicht warum,
gleich einer Brunnensäule,
schäme mich darum.
Manchmal unterdrücke ich es,
tue als ging es mir gut,
und dann kommt es wieder,
ist es Traurigkeit oder Wut?
Es kommt von meinem Herzen,
gerade so wie es will,
und wenn ich mich dann ausgeweint,
dann bin ich wieder still!

Besser machen

Wie gehe ich um mit Veränderung,
macht es mich alt, oder bleibe ich jung?
Soll ich denn mit noch weniger leben,
was kann ich dann dem Bettler noch geben?
Womit helfe ich den alten Kranken,
dafür soll ich dem Staat auch noch danken?
Manchmal koch' ich innerlich vor Wut,
bin nicht allein, es geht vielen nicht gut!
So hoffen wir alle, Tagein Tagaus,
und machen einfach das beste daraus!

Fernsehen

Es hält die Menschen vom wesentlichen ab,
die Seriensüchtigen ganz schön auf Trab,
manche schauen bei Tag und Nacht,
was ein Ausruhen damit unmöglich macht.
Viele kommen gar nicht ohne aus,
wenige haben keinen zu Haus'.
Die begnügen sich dann mit einem Aquarium,
zahlen auch keine Gebühren - GEZ darum.
Einige haben einen Kasten, in jedem Raum,
eine Sendung versäumen, passiert denen
kaum!
Unzählige nehmen ihn kaum noch war,
als Alleinunterhalter, war schon immer da!
Macht Augen krank, Ohren taub und Rücken
krumm,
oft schauende Kinder werden meist aggressiv
und dumm.
Wer ihn nicht kennt, ist völlig out oder
daneben,
das hat es in den letzten fünfzig Jahren nicht
mehr gegeben!
Nur ein Stromausfall wird da Hilfe bringen,
das man Zeit hat bei Kerzenschein zu singen,
miteinander zu spielen, lachen und reden,
zum Fernseher freiem miteinander und Leben!

Fließband-Zeitarbeit

Ein stupides Tun von Dingen,
die mir überhaupt nichts bringen,
immer nur Ärger und Verdruss,
Knochen tun weh von Kopf bis Fuß.
Schuften für einen Hungerlohn,
ja es ist der reinste Hohn,
die Firma wird immer reicher,
Knie werden jeden Tag weicher!
gearbeitet mit aller Kraft,
damit Chef sieht was man schafft,
nach sechs Monaten irgendwann,
ist man wieder entlassen dann!

Danke

Wollt danken das Du
mir soviel Wärme gibst,
wie gut Du aussiehst
und meistens sehr gut riechst,
auf mich eingehst,
auch verzeihst meine Versehen,
mir Vertrauen schenkst
und versuchst mich zu verstehen.
Danken für dein Lächeln,
Deine Anwesenheit,
die Streicheleinheiten,
Deine Freundlichkeit,
das Du meine Fehler
meistens übersiehst,
dafür das Du da bist
und mich einfach liebst!

Bitte

Bitte, wecke mich nachher auf,
schüttle mich ganz lang,
damit ich Dich wenn Abends nicht,
wenigstens morgens lieb halten kann!

Baden

Fühl' ich mich abgespannt und fad,
nehme ich ein lauwarmes Bad,
mit gutem Öl für Seel' und Haut,
da werd' ich richtig aufgebaut.

Sandelholz, Jasmin, Lavendel,
Wachholder, Rosmarin, Quendel,
wird mit Bürste eingerieben,
bis die Haut hat rote Striemen.

Ist auch für die Durchblutung gut,
vertreibt Depression und gibt Mut,
Sekt ist für den Kreislauf wichtig,
kalt geduscht, so ist es richtig!

Und eine Selbstmassage dann,
natürlich nur, wenn ich noch kann!
Wo die Schmerzen am größten sind,
reiben, bis ich nichts mehr find'.

2007 veröffentlicht bei
Bretano Gedichte

Wanderung!

Ich wandere durch das
hoffnungslose Arbeitslosental,
zum herauskommen, ist der Weg
zu steil und wirklich ganz schmal.
So schließe ich nun
eine Eingliederungs-Maßnahme ab,
mit solchen unnützen Sachen
hält man uns ganz schön auf Trab.

Vermehrte Bewerbung,
und einmal im Monat Meldepflicht,
ob ich Zeit dafür habe
fällt bei ihnen nicht ins Gewicht,
Da schult man die Verkäuferin nun
als Küchenhilfe um,
sowie die Küchenhilfe
als Verkäuferin - find' ich dumm.

Wer einen Termin verpasst,
sich weigert in unserem Land,
der kriegt sofort Kürzung –
das finde ich einfach allerhand,
Dann der Ein-Euro-Job
in unserem schönen Altenheim,
als Senioren-Begleiterin,
klingt irgendwie doch sehr fein.

Alles was der Altenheim-Mitarbeiter
einfach nicht schafft,
Hurra, dies erledigt
unsere neue Ein-Euro-Kraft,
ob du Pflegerin nun etwa gelernt hast,
oder auch nicht,
fällt wenn Großmama dringend aufs Klo muss,
nicht so ins Gewicht!

Der guten und lieben Pflegekräfte
gibt es nie genug,
sind viel zu wenig Mittel da,
ein riesengroßer Betrug,
Windeleimer leeren,
feucht-dreckige Betten überzieh'n,
Menschen füttern und waschen,
den Boden säubern auf den Knien.

Man kommt nicht zum erzählen,
lachen, singen, spielen, wandern,
ich hetze, eile schnell von einem
Senior zum andern,
Für lange ausführliche Gespräche,
leider keine Zeit,
für richtige Zuwendung,
ist auch keine Gelegenheit,

Ich finde, jeder von
unseren originellen Alten,
sollte einen eigenen
Ein-Euro-Jobler erhalten,
das würde die Arbeitslosenzahl
schnell kolossal senken,
und den alten Leuten,
viel Lust am Leben - Freude schenken.

Nach einem langen,
erniedrigenden, beschämenden Jahr,
gibt es dann überhaupt keinen Fest-Job für
mich,
war wohl klar,
danach muss der nächste
Arbeitslosen-Kandidat heran,
für einen Euro
damit der Staat es sicher zahlen kann.

Die Politiker sollten sich
solidarisch erklären,
und nicht mit Boykott,
und Bereicherung alles erschweren,
für einen Euro im Bundestag sitzen
ein ganzes Jahr,
schnell wäre Deutschland saniert,
das wäre genial, wunderbar!

Ich muss jetzt leider wieder verstärkt
und intensiv wandern,
mit Bewerbungen von einem
Arbeitgeber zum andern.
Firmen wandern in andere
billige Länder, banal,
Ich wandere im demütigenden
Arbeitslosental!

Philosophisch

Viele, die Dir als Dir es noch gut ging,
Freunde waren,gucken Dich, wenn Dir es
schlecht geht, gar nicht mehr an! Gut, wenn
man im Tief, noch Freunde hat!

Gewonnen

Mach Dir nichts daraus, wenn wir schlafen
ein,
am nächsten Tag kann es noch viel schöner
sein.
Die Hauptsache ist doch Du bist bei mir,
dass wir immer wissen wir beide sind wir!

Ferne

Ich fahre sehr gerne in die Ferne,
da sehen ganz anders aus die Sterne,
damit ich die Länder kennen lerne,
sehr alte Bauten und auch moderne!
Bin die Treppen gelaufen steinerne,
jetzt ist die Gestalt eine knöcherne,
meine Knochen sind jetzt wie bleierne,
ich werde eine richtig Eiserne.
Sehe oft schöne Türme, silberne,
und Brunnen wunderschöne, gläserne,
kaufe Jacke, eine wildlederne,
die Kette, eine elfenbeinerne!
Am Abend sitz' ich an der Zisterne,
nicht weit davon leuchtet die Laterne,
man lernt die Leute kennen, schüchterne,
nette, besoffene und nüchterne!
Nach dem Wein bin ich eine Alberne,
aber, so schön sei auch das Externe,
gerne ich mich auch immer entferne,
komm ich auch gern zurück ins Interne!

Original

Du bist ein einmaliges Original,
dich gibt es auch nicht gar ein zweites mal,
ob auf dem Berge, oder in dem Tal,
ist das nicht sagenhaft und genial?

Du sagst

Du sagst „Ich liebe Dich!"
Und guckst mir beim Arbeiten zu.
Du sagst „Ich liebe Dich!"
Und lässt mir keine Nacht vor 2 Uhr Ruh'.
Du sagst „Ich liebe Dich!"
Und im nächsten Moment verletzt Du mich
Du sagst „Ich liebe Dich!"
Und mit mir zu Essen daran denkst Du nicht.
Du sagst „Ich liebe Dich!"
Und es kommt mir vor wie Deine einzige
Pflicht!

Ausgehen

Natürlich höre ich Komplimente gern,
bin deswegen noch lange nicht fern,
lass mich von andern Männern machen an,
mal gucken, ob ich das auch noch kann?
Doch hat alles seine Grenzen, -
wie damals, beim Schuleschwänzen.
Ich gehe auch mal gerne tanzen,
so dass wackelt, sogar mein Ranzen,
bin auch hie und da mal blau ,
so, jetzt weißt Du es ganz genau!
Lass mich gerne mal verwöhnen,
bin bereit mich zu versöhnen.
Manchmal bin ich richtig scharf,
zu Hause natürlich nach Bedarf!
Putze, wasche, mach' das Essen,
außer ich hab' es wegen Kinder vergessen!
Lass uns den Kindern 'was geben,
zufriedene, liebende Eltern eben.

Flirt

Du schnarchst ganz laut,
kannst nicht fühlen meine Haut.
Ich denk an Dich,
Du nicht an mich.
Du träumst von anderen Frauen,
kann ich noch auf Dich bauen?
Ich fühle mich leer
und alles ist so schwer.
Und Du flirtest weiter,
wie immer sehr heiter.
Es ist viel zu viel passiert,
doch läuft alles wie geschmiert.
Ich bin noch hier,
ganz nah bei Dir.

Eifersucht

Manchmal denke ich das Vertrauen wäre da,
und es wäre geschafft,
die Liebe ist so nah,
doch die Eifersucht, sie rafft.

Ich möchte die Liebe halten,
mal glücklich sein zu zweit,
doch bevor ich nicht hab' Falten,
traust Du mir keinen Millimeter weit.

Auch bei mir ist Eifersucht zu finden,
und wenn Du flirtest schmerzt das sehr,
doch ich versuch' Dich damit nicht zu binden,
meist sag' ich gar nichts hinterher.

Wichtig

Ich schreibe es nieder damit Du es kapierst,
aber Du verstehst es nicht!
Du liest das, was ich am wenigsten sagen will!

Zum heulen

Das Kopfkissen ist nass,
und ich habe Prass!
Ich weiß nicht warum,
ich fühl' mich so dumm!
Darum schau' ich heiter,
muss ohne heulen weiter!

Fragen

Ich Frage mich, warum ich Dich liebe?
Was zieht mich in Deinen Bann?
Sind das meine inneren Sex-Triebe?
Hab ich wirklich den besten Mann?

Ist es das ewige auf und ab?
Oder gar, die mit Wörtern geschlagenen
Hiebe?
Immer hältst Du mich auf Trab!
Ist das wirklich die wahre Liebe?

Warum bist Du für mich der beste?
Törnt mich an Dein Lächeln gar?
Wieso gehst Du nicht gern auf Feste?
Sind Deine Worte immer wahr?

Ich liebe Dich

trotz Deiner Verschlafenheit,
auch wenn um mich die Einsamkeit,
Du gequält von Krankheit,
und draußen alles ist zugeschneit!
Wenn ich denk' an meine Kindheit,
da war ich eingenommen von Blindheit,
heute hab' ich mehr Sinnlichkeit,
bereit zu jeder Albernheit!
Wenn es auch öfters mal gibt Streit,
vielleicht wegen meiner Pünktlichkeit,
herrscht bei uns immer Offenheit,
ja ist denn das die Möglichkeit?
Ich klitzekleine Persönlichkeit,
bin nur für Dich zu allem bereit,
gebe Dir dann viel Zärtlichkeit,
und Du machst mir manchmal Leid!
Das Paradies das ist noch weit,
ich hoffe wir schaffen es bald zu zweit,
und nie, nie mehr wieder Fight,
sondern ewig nur Verliebtheit!

Geschlagen

Mein Körper tut weh,
vom Kopf bis zum großen Zeh.
Du hast mir versprochen
mich nicht mehr zu schlagen,
gestern hast Du mich
durch die Küche gestoßen,
meinst Du ich mag das,
oder hab' das genossen?

Du sagst Du liebst mich unendlich,
auf Deine Art,
heute da alles schmerzt,
wäre mir es lieber zart!
Wenn ich mich hinsetze
schmerzt mir Rücken und Po,
die Beine, die an den
Schrank knallten, sowieso.

Auch Arme, Bauch, Brust,
Kopf und vor allem das Herz,
mein Herz hat einen Sprung,
das ist der größte Schmerz!
Und unsere Kinder tun
mir furchtbar leid,
weil sie mitkriegen
immer diesen blöden Streit!

Verstehe nicht, dass man sich
immer weh tun muss,
statt reden und zuhören -
brutal sein - was ein Stuss!
Ich gebe dir nochmal
die letzte Chance heute,
nutze Sie - sonst sind
wir geschiedene Leute!

Unschlüssig

Kann das Alte nicht beenden,
und das Neue nicht beginnen,
kann keinen klaren Gedanken mehr finden,
komm mir vor wie festgemauert,
wie ein Joghurt, der versauert.

Zeit

Was für eine Zeit,
alles rast egoistisch vor sich hin.
Ist das Ende noch weit?
Hat das alles noch Sinn?
Wo bleibt die Liebe?
Die Rücksicht auf andere?
Stattdessen gibt es Hiebe!
Ist das das Besondere?
Noch nicht einmal ich,
kann nur an andere denken,
brauche Freiraum für mich,
damit ich neue Liebe kann schenken!

Hin und her

Ich liebe Dich,
genauso wie Du mich,
hab Angst vor Deinen Ketten,
und will mich ständig retten.
Will Deinem Bann entfliehen,
mich aus der Isolierung ziehen.
Ich habe Dich so lieb,
bin froh das es Dich gibt.

Reif

Bin urlaubsreif!
Die Knochen steif.
Mag nicht mehr stöhnen,
mich nur noch mit Sonne verwöhnen!

Wahrnehmungen

Abheben, auf Wolken schweben,
einfach nur leben, vieles geben!
Knospen sprießen, wild genießen,
nicht verdrießen, mit Schönem übergießen!

Wunschweg

Möchte die Gedanken der Nacht einfangen,
nicht immer wieder um die Zukunft bangen,
will fröhlich sein und viel öfter mal lachen,
ausgelassener dumme Späße machen!
Meine Knochen pflegen, streicheln und
schonen,
mit meinen Kindern leben und gar wohnen,
verwöhnt und auf Händen getragen werden,
so würde es mir gefallen hier auf Erden.
Bin auf meinem Weg zu besserem Leben,
werde einfach nun nach anderem streben,
hoffe ich werde vor Ehrfurcht erbeben,
einfach irgendwie besser weiterleben!
Endlich auch mal neuen Boden umfassen,
mich genüsslich im Grase fallen lassen,
und auch meinen schlimmsten Feind nicht
mehr hassen,
in der Sonne sitzen auf Dachterrassen!
Endlich gesund, glücklich und zufrieden sein,
zu allem was nicht gut ist, gleich sagen nein.

Gedanken der Nacht

Ich würde Dich jetzt gerne wecken,
und mich mit Dir unter eine Decke stecken.
Dich mal liebkosen und auch küssen,
ich kenne mich gut und muss es wissen.
Doch morgen musst Du wieder raus,
in aller Frühe aus dem Haus.

Zum Geburtstag

Heute zu diesem Ehrenfeste,
wünsche ich Dir das Allerbeste,
viel Glück und vor allem Gesundheit,
das Du uns erhalten bleibst noch lange Zeit!
Dann wünsche ich noch von Herzen,
festen Schlaf und keine Schmerzen.
Dass Dir auch bald im Ruhestand,
Langeweile nicht bekannt,
Du weiterhin so glücklich bist wie heute,
und das Leben macht Dir viel Freude!

Computer

Vor 20 Jahren noch kaum zu sehen,
nun in fast jeder Wohnung sie stehen.
Und rauben Kommunikation und Zeit,
machen sich als Oberhaupt der Familie breit!
Mama kann surfen und e-mail's schreiben,
Junior bei toggo die Zeit sich vertreiben.
Sie sehen grau, eckig, oft staubig aus,
man streichelt nicht Menschen, sondern die
Maus.
Kosten Farbe, Papier und Energie,
zerstören Gesundheit von Menschen wie nie.
Krummer Rücken und auch der Kopf tut weh,
Schmerzen vom Scheitel bis zum großen Zeh!
Doch wenn endlich fällt der Computer aus,
dann ist es wieder wie früher im Haus.
Kommt die Zeit miteinander zu reden,
spielen, basteln, lachen und zum Leben!

2006 veröffentlicht bei Bibliothek
Deutschsprachiger Gedichte

Winter

Morgens der Reif weiß auf dem Felde liegt,
die Dachrinne sich vor Eiszapfen biegt!
Die Schneeflockenherde vom Himmel fällt,
hüllt ein in weiße Pracht die ganze Welt.
Wenn Wind durch die weißen Tannen pustet,
sieht es aus, als ob der Tannenbaum hustet.
Auf dem See, wo sonst die Tiere saufen,
sieht man fröhlich' Kinder, Schlittschuh'
laufen.
Spuren von Rehen und Hasen im Schnee,
sie finden kein Gras mehr und keinen Klee.
Selbst die Eichhörnchen sind ganz versessen,
Nüsse, gereicht auf Händen, zu fressen!
Rot sind Hände, Wangen und Nasen nun,
drinnen hat man Zeit sich im Warmen
auszuruhen.
Helles Feuer, flackernder Kerzenschein,
bringt Licht und behagliche Wärme ein.
Im Hof, einen Schneemann bauende Kinder.
Nun ist es wieder eiskalter Winter!

2007 veröffentlicht bei Bibliothek
Deutschsprachiger Gedichte

Advent

Jedes Jahr nehme ich mir aufs Neue vor,
dieses Jahr bin ich bestimmt kein Tor.
Ich gehe diesmal besinnlich in den Advent,
ein Gefühl der Verträumtheit, das jeder kennt.
Habe noch nie einen Advent verpennt,
doch es kommt wieder anders, als man denkt,
man kauft noch hier und da ein paar Sachen,
die an Weihnachten, besondere Freude
machen.
Schnell noch ein paar Socken stricken,
die Taschentücher bunt besticken.
Wie immer Plätzchen backen, ist ein Muss,
Holz brennen und färben mit Ruß.
Zeitraubend ist das Basteln von kleinen
Laternen,
oder von schönen bunten Weihnachtssternen.
Ein paar Kerzen kaufen, die leuchten schön
hell,
dann die Geschenke verpacken, hübsch und
schnell!
Lieder einüben, Weihnachtskarten schreiben,
telefonisch abklären, bei wem wie lange
bleiben?
Kleider aussuchen und Schuhe putzen,
waschen und bügeln, Haare noch stutzen.

So rennt und hetzt man wieder durch den
Advent,
um ein Haar hat man beinah' Heilig Abend
verpennt,
Nun nur nicht zu spät kommen, das wäre fatal,
wir üben das ja nicht zum allerersten mal!
Es beruhigt schon mal, dass wir nicht die
letzten sind,
darüber kann ich mich freuen wie ein Kind,
auch diesen Advent hab ich hinter mich
gebracht,
wenn auch nicht so relaxt wie die Heilige
Nacht!
Und im nächsten Jahr darf ich wieder üben,
diese Hetzerei und Rennerei abzuschieben,
dann den Advent mal Stressfrei verbringen,
und mal ausgeschlafen Weihnachtslieder
singen!

Frieden

Täglich kämpfen Menschen ums Überleben,
während andere nur nach Reichtum streben.
Naturkatastrophen sind jetzt überall,
Überschwemmungen nicht nur am Wasserfall.
Vulkane lassen die Erde erbeben,
viele müssen obdachlos weiterleben,
sie sterben an Hunger weil sie nichts haben,
während andere fressen und sich laben!
Die Verbrecher kriegt man meist nicht zu
fassen,
Geldmächte, die illegal arbeiten lassen.
Genug Katastrophen! Für was denn,
der Krieg?
Für noch mehr Reichtum und Erdöl den Sieg!
Niemand müsste die anderen gar hassen,
wir könnten friedlich sitzen auf Terrassen,
endlich gesund, glücklich und zufrieden sein,
lasst doch endlich ziehen den Weltfrieden ein!

Nachwort

Überlebenshoffnungen brauche ich täglich
wenn ich mich umschaue auf dieser
grauenvollen Welt. Überbevölkerung,
Hungersnot, Klimakatastrophe, Artensterben,
Krebs, Aids, Alkohol- und Drogenprobleme
um nur einige wenige zu nennen. Hin und
wieder gibt es lichte Momente, aber meist ist
es ein einziger Kampf. Ich muss schlechte und
gute Zeiten intensiv leben, annehmen was das
Schicksal mir präsentiert, Niederlagen
hinnehmen, aus meinen Fehlern lernen. Aus
Lebenserfahrung entstanden viele meiner
Gedichte. Schön, dass ich nie die Hoffnung
verloren habe. So kann ich glauben, dass es
gut wird, lieben was mir liebenswert ist, und
hoffen, dass wir all das überleben. Wie gut,
dass es Glauben, Liebe und Hoffnung gibt!

Elke Wolf